SYLLABAIRE

MÉTHODIQUE ET SIMPLIFIÉ,

CONTENANT

TOUS LES ÉLÉMENTS DE LA LECTURE,

A l'usage des Écoles tenues par les

SOEURS DE LA PROVIDENCE

DE TROYES.

TROYES,

ANNER-ANDRÉ, IMPRIMEUR-LIBRAIRE

DE MONSEIGNEUR L'ÉVÊQUE,

Place de l'Hôtel-de-Ville, N°ˢ 5 et 7.

1853.

SYLLABAIRE

MÉTHODIQUE ET SIMPLIFIÉ,

CONTENANT

TOUS LES ÉLÉMENTS DE LA LECTURE,

À l'usage des Écoles tenues par les

SOEURS DE LA PROVIDENCE

DE TROYES.

TROYES,

ANNER-ANDRÉ, IMPRIMEUR-LIBRAIRE

DE MONSEIGNEUR L'ÉVÊQUE,

Place de l'Hôtel-de-Ville, 5 et 7.

—

1853.

— 2 —

I. — Majuscules.

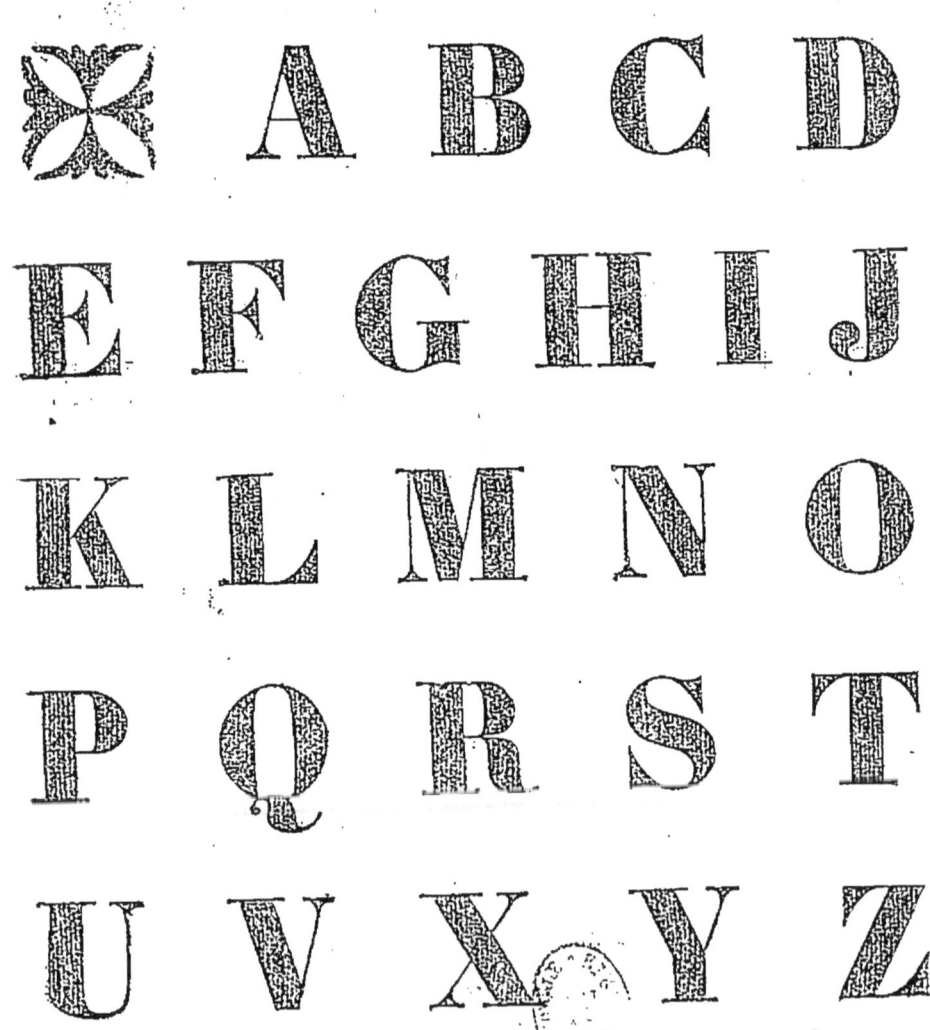

— 3 —

II. — Minuscules.

a b c d e f
g h i j k l m
n o p q r s
t u v x y z

---

a b c d e f g h i j k l m
n o p q r s t u v x y z

III. — Chiffres.

— 0 —

1 2 3 4 5 6 7 8 9 — 10.

IV. — Voyelles simples suivies d'une consonne ou articulation.

a	i	o	u	
ab	ib	ob	ub	b
ac	ic	oc	uc	c
ad	id	od	ud	d
af	if	of	uf	f
ag	ig	og	ug	g
ak	ik	ok	uk	k
al	il	ol	ul	l
am	im	om	—	m
ap	ip	op	up	p
ar	ir	or	ur	r
as	is	os	us	s
at	it	ot	ut	t
ax	ix	ox	ux	x
az	iz	oz	uz	z

1   2   3   4   5   6   7   8   9   — 10.
11, 12, 13, 14, 15, 16, 17, 18, 19, — 20.

V. — Voyelles simples précédées d'une consonne.

	a	e	i	o	u
b	ba	be	bi	bo	bu
c	ca	ce	ci	co	cu
d	da	de	di	do	du
f	fa	fe	fi	fo	fu
g	ga	ge	gi	go	gu
j	ja	je	ji	jo	ju
k	ka	ke	ki	ko	ku
l	la	le	li	lo	lu
m	ma	me	mi	mo	mu
n	na	ne	ni	no	nu
p	pa	pe	pi	po	pu
r	ra	re	ri	ro	ru
s	sa	se	si	so	su
t	ta	te	ti	to	tu
v	va	ve	vi	vo	vu

x	xa	xe	xi	xo	xu
z	za	ze	zi	zo	zu

ça   çu   l'a   yr   ys   my

â   é   è   ê   î   ô   û
bâ cé lè nê gî nô fû
pâ vé mè tê pî zô dû

VI. — Exercice sur les mots.

â-me	ac-ti-ve	ad-mi-ré
bo-bi-ne	ca-rê-me	do-ci-le
dô-me	gî-te	fi-la-tu-re
i-ma-ge	ki-lo	im-mo-bi-le
ly-re	jo-vi-al	lé-gu-me
pè-re	mè-re	mé-na-ge
ro-be	pa-ro-le	re-fu-ge
sa-la-de	re-çu	oc-ta-ve

ta-xe   tê-te   sé-cu-ri-té
zè-le   ty-pe   va-ni-té

Di-re la vé-ri-té. Mo-ra-le di-vi-ne. L'é-lo-ge du sa-ge. Ca-pa-ci-té ra-re. Ac-te li-ci-te. Mo-bi-li-té de la mo-de. Ré-gi-me sé-vè-re. Lu-ce li-ra sa-me-di.

VII. — Voyelles composées suivies d'une consonne.

in   ou

inc   inx   ouc   ouf   oul   our

on   au   oi

onc   aug   aul   aur   oil   oir

eu   œu

euf   eul   eur   œuf   œur

VIII. — Voyelles composées, précédées d'une consonne.

an	in	on	ou	un
ban	din	bon	cou	cun
fan	cin	fon	fou	fun
gan	gin	l'on	jou	l'un
man	xin	non	voû	bun
pan	sin	ron	tou	dun

au	eau	eu	œu	oi
bau	deau	ceu	cœu	doi
fau	geau	feu	mœu	foi
lau	peau	jeu	sœu	moi
nau	seau	meu	vœu	toi

IX. — Exercice sur les mots.

Lou-an-ge   pin-son   o-ran-ge.
ban-deau   mou-lin   nan-kin
la meu-le   le voi-le   mon ne-veu.

X. — Voyelles précédées et suivies d'une consonne.

bac	bal	bil	boir	bor
bour	car	cir	cour	col
cor	ceur	cœur	cur	dal
dar	dic	dur	dour	doc
deur	doir	duc	dir	dor
fac	fil	for	gal	gar
gir	gor	gur	gour	geur
jar	jour	lac	lar	leur
lour	loir	mal	mor	mur
meur	moir	nal	neuf	neur
noir	pal	par	pic	pir
por	peur	poir	ral	reur
sal	sar	soc	sol	sor
sor	suc	sud	sug	sur
sour	seul	sœur	soir	tac
tal	tar	tic	tif	tir

toc	teur	toir	vac	val
var	vic	vif	vil	vir
vul	vour	veuf	veur	voir
xeur	xoir	zig	zur	zinc

XI. — Exercice sur les mots.

car-deur	bour-se	cou-leur
dog-me	cor-don	bor-de-reau
le cal-me	du gaz	un ti-roir
bœuf	four-mi	lar-doi-re
a-voir	mi-roir	ca-rac-tè-re
ron-deur	sor-tir	mas-tic
dor-toir	cap-tif	car-can
cou-reur	mar-di	mou-tar-de
jour-nal	pour-tour	par-loir
vac-cin	cas-tor	dis-cou-rir
gar-nir	mar-tyr	por-teur

XII. — Exercice sur les phrases.

Paulin ira au bureau de la poste, pour savoir s'il y a du nouveau.

Le docteur Victor, dévoué à son devoir, sera un bon médecin.

La jeune sœur de Léon a pu parcourir seule la carte d'Europe.

Mon beau jardin a été dévasté par l'ouragan; voilà toute ma douleur.

La foi du juste fera sa force; s'il demeure fidèle, Dieu le bénira.

---

1 2 3 4 5 6 7 8 9 — 10.
21, 22, 23, 24, 25, 26, 27, 28, 29, — 30.
31, 32, 33, 34, 35, 36, 37, 38, 39, — 40.

XIII. — Voyelles précédées de deux ou trois consonnes.

a	e	i	o	u
bla	bre	cli	cro	chu
dra	fle	fri	cho	gru
gna	gne	gri	glo	pru
psa	pre	sca	sco	stu
spa	ste	stri	tro	tru
vra	vre	vri	scro	stru

an	in	on	ou
blan	brin	chon	clou
cran	drin	flon	knou
glan	grin	gnon	plou
vran	trin	spon	trou

au	eu	oi	y
blau	cleu	froi	sty
frau	vreu	troi	psy

XIV. — Lettres h — gu — qu.

ha	har	hé	heu	hon
hor —	ah!	oh! —	gua	gue
gui	guan	guon	gué —	qua
que	quai	quan	quin	queur.

XV. — Exercice sur les mots.

agneau	branche	astronome
chagrin	brugnon	brodequin
crible	drogue	Grenoble
flèche	flétri	Honfleur
plâtre	cloître	microscope
obstacle	scrutin	pronostic
psalmiste	tringle	scolastique
trèfle	tricheur	vignoble

1 2 3 4 5 6 7 8 9 — 10.
41, 42, 43, 44, 45, 46, 47, 48, 49, — 50.

XVI. — Exercice sur les phrases.

Marguerite coudra; Blandine brodera; Francine tricotera.

Ignace pleure; Andronique chante.

Le frère Grégoire trouve le livre qu'on lui a prêté instructif pour le peuple.

Un lis remarquable par sa blancheur a fleuri sur ma propriété.

André touche de l'orgue à la métropole d'Avignon; que gagne-t-il? je l'ignore.

L'ordre public a été rétabli par la troupe fidèle. Dieu protége la France.

---

1 2 3 4 5 6 7 8 9 — 0.
51, 52, 53, 54, 55, 56, 57, 58, 59, — 60.
61, 62, 63, 64, 65, 66, 67, 68, 69, — 70.

XVII. — Sons équivalents.

prononc.	comme	dans
ai	é	j'aimai, je pleurai, je lirai.
ai	è	aide, aigle, aile, vulgaire.
aie	è	haie, futaie, plaie, ivraie.
aim	im	faim, daim, étaim.
ain	in	airain, ainsi, bain, plainte.
am	an	crampe, lampe, pampre.
aon	an	paon, faon (comme on dans taon).
e	è	mer, espoir, bec, certain.
ei	è	peine, treize, neige, veine.
ein	in	peindre, serein, ceindre.
em	an	empreinte, rempli, templ
en	an	lenteur, entendre, dentist
en	in	rien, bien, mien, tien.
er	é	chanter, parler, prunier.
es	è	mes, tes, ses, les, des, tu es

prononc.	comme	dans
et	é	soir et matin, oui et non.
et	è	briquet, filet, lacet, corset.
ez	é	nez, partez, entrez, sortez.
im	in	importun, timbre, limbe.
om	on	pompon, bombe, tombe.
um	un	humble, parfum.
y	ii	moyen, foyer, joyau.
ym	in	symbole, tympan.
yn	in	syndic, lynx, syntaxe.

XVIII. — Articulations équivalentes.

prononc.	comme	dans
cc	c	accablé, accordé, occupé.
ch	k	écho, chœur, chronique.
ff	f	affligé, souffrir, chauffer.
gn	g-n	igné, regnicole, stagnante.
ll	l	village, mille, allumer.

prononc.	comme	dans
mm	m	comme, pomme, somme.
nn	n	honneur, bonne, anneau.
ph	f	phénix, asphyxié, phare.
pp	p	échapper, frapper, nappe.
rr	r	arraché, barre, parrain.
ss	c ou ç	naissance, fosse, tasse.
s	z	maison, phrase, visage.
t	c	caution, patience, potion.
tt	t	attention, attaquer, butte.
x	gz	exemple, examen, exiger.
x	s ou ç	six, dix, soixante, Auxerre.
x	k	exception, excès, excéder.
x	z	sixième, dixième, dix-huit

1   2   3   4   5   6   7   8   9 — 10.
71, 72, 73, 74, 75, 76, 77, 78, 79, — 80.
81, 82, 83, 84, 85, 86, 87, 88, 89, — 90.

XIX. — Exceptions diverses.

négligemment	indemnité	femme
néglijaman	indam-nité	fame
solennel	hennir	rouennerie
solanel	hanir	roua-neri
ambiguité	à jeun	gageure
anbigu-ité	à jun	gajure
équilatéral	quintuple	équestre
écuilatéral	cuintuple	écuèstre
équateur	aquatique	quadrupède
écouateur	acouatique	couadrupède
éteignoir	condamné	ciguë
étégnoir	condané	cigû
héroïque	Saül	Israël
éro-ique	Sa-ul	Icera-èl
naïf	haïr	Moïse
na-if	a-ir	Mo-ise.
août	rhum	pied
ou	rome	pié

XX. — L mouillée.

appareil	conseil	bouillon	fille
attirail	deuil	jaillir	billet
soleil	bail	feuille	grille
aiguille	famille	œillet	billon

XXI. — H muette.

l'hysope	l'hiver	l'heure	l'homme
l'hôtel	l'herbe	l'histoire	l'héroïne
l'hébreu	l'huile	l'hymne	l'horloge

XXII. — H aspirée.

le héron	la halle	la harpe
le hameau	le hochet	la hampe
la hauteur	la haine	le hérisson

1 2 3 4 5 6 7 8 9, — 10.
91, 92, 93, 94, 95, 96, 97, 98, 99, — 100.

XXIII. — Mots dans lesquels une ou plusieurs lettres ne se prononcent pas.

Les petites filles lisaient. Les plus grandes ne lisent pas. J'ai eu quatre-vingts bons points. Tous nos comptes sont réglés. Des poids beaucoup trop lourds. Les douleurs de l'asthme. Dix petits bancs de bois blanc. Entrées défendues. Thé au lait. Jacques, fils de Jean, nous doit trois cents francs. Fleurs de printemps; fruits d'automne. Champs déserts. Deux gros doigts. 25 fusils à 2 coups. Neuf mauvais draps. Cinq rideaux neufs. La science du sculpteur. Les grands héros. Accords parfaits.

XXIV. — Liaison des mots dans la lecture..

un grand homme	*lisez*	un gran t'homme.
sac à charbon	—	sa c'à charbon.
actif et passif	—	acti f'et passif.
de fil en aiguille	—	de fi l'en n'aiguille.
c'est un ingra*t*	—	c'ès t'u n'ingra*t*.
venir aux école*s*	—	veni r'au z'école*s*.
nous irons au pré	—	nou z'iron z'au pré.
dix ormes à *s*cier	—	di z'orme z'à *s*cier.
il doit écrire ici	—	il doi t'écrir' ici.

LECTURE.

Vous aimerez le Seigneur votre Dieu de tou*t* votre cœur, de toute votr*e* âme, de tou*t* votre espri*t* et de toute*s* vo*s* force*s*; c'es*t* le premier et le plu*s* gran*d* commandemen*t*.

Voici le secon*d* qui lui es*t* semblable : Vous aimerez votre prochain comme vous-même.

Aimez vos ennemis ; rendez le bien pour le mal ; ne jugez point, et vous ne serez point jugés.

Dieu résiste aux superbes, et donne sa grâce aux humbles.

Que servirait à l'homme de gagner l'univers entier, s'il venait à perdre son âme ?

Ce n'est pas assez de bien commencer, il faut bien finir. Celui qui persévèrera jusqu'à la fin sera sauvé.

---

1 2 3 4 5 6 7 8 9—10
12 23 34 45 56 67 78 89 90—100
123, 234, 345, 456, 567, 678, 789, 890, 900, 1000

† A nom du Père, et du Fils, et du Saint-Esprit. Ainsi soit-il.

Notre Père, qui êtes dans les cieux, que votre nom soit sanctifié; que votre règne arrive; que votre volonté soit faite en la terre comme au ciel. Donnez-nous aujourd'hui notre pain de chaque jour, et nous pardonnez nos offenses, comme nous pardonnons à ceux qui nous ont offensés, et ne nous laissez pas succomber à la tentation; mais délivrez-nous du mal. Ainsi soit-il.

Je vous salue, Marie, pleine de grâce, le Seigneur est avec vous; vous êtes bénie entre toutes les femmes, et Jésus, le fruit de vos entrailles, est béni.

Sainte Marie, mère de Dieu, priez pour nous, pauvres pécheurs, maintenant et à l'heure de notre mort.

Ainsi soit-il.

JE crois en Dieu, le Père Tout-Puissant, Créateur du ciel et de la terre; et en Jésus-Christ son Fils unique, notre Seigneur, qui a été conçu du Saint-Esprit; qui est né de la vierge Marie; qui a souffert sous Ponce-Pilate, a été crucifié, est mort, a été mis dans le sépulcre; qui est descendu aux enfers, et le troisième jour est ressuscité des morts; qui est monté aux cieux; qui est assis à la droite de Dieu le Père Tout-Puissant, et qui de là viendra pour juger les vivants et les morts.

Je crois au Saint-Esprit, la sainte Eglise Catholique, la communion des Saints, la rémission des péchés, la résurrection de la chair, la vie éternelle. Ainsi soit-il.

Je me confesse à Dieu Tout-Puissant, à la bienheureuse Marie, toujours vierge, à saint Michel archange, à saint Jean-Baptiste, aux apôtres saint Pierre et saint Paul, à tous les Saints, (et à vous, mon Père,) de tant de péchés que j'ai commis par pensées, par paroles et par actions; c'est ma faute, c'est ma faute, c'est ma très-grande faute. C'est pourquoi je supplie la bienheureuse Marie, toujours vierge, saint Michel archange, saint Jean-Baptiste, les apôtres saint Pierre et saint Paul, tous les Saints, (et vous, mon Père,) de prier pour moi le Seigneur notre Dieu.

Que Dieu Tout-Puissant ait pitié de nous, et qu'après nous avoir pardonné nos péchés il nous conduise à la vie éternelle. Ainsi soit-il.

† Que le Seigneur Tout-Puissant et miséricordieux nous accorde le pardon, l'absolution et la rémission de nos péchés. Ainsi soit-il.

2,000 — 3,000 — 4,000 — 50,009 — 100,000.

ACTE DE FOI.

Mon Dieu, je crois fermement toutes les vérités que l'Eglise catholique, apostolique romaine nous propose à croire, parce que vous les avez révélées, vous qui êtes la vérité même.

ACTE D'ESPÉRANCE.

Mon Dieu, j'espère qu'en vue des mérites de Jésus-Christ, mon Sauveur, vous m'accorderez la grâce de vous bien servir en cette vie, et de vous posséder dans le paradis après ma mort, parce que vous l'avez promis et que vous êtes souverainement fidèle dans vos promesses.

ACTE DE CHARITÉ.

Mon Dieu, je vous aime de tout mon cœur et par-dessus toutes choses, parce que vous êtes infiniment bon et infiniment aimable; et j'aime mon prochain comme moi-même pour l'amour de vous.

LECTURE DU LATIN.

Le latin se prononce comme le français, sauf quelques exceptions. *e* se prononce fermé. *u* suivi de *n* se prononce *on*; suivi de *m* se prononce *ome*; il se prononce quelquefois *ou*, comme dans ces mots: *quam, quandò, aqua*, etc. Toutes les lettres finales se prononcent. *C* devant *æ* et *œ* se prononce comme devant *e*; *ign* est toujours dur.

Diliges Dominum Deum tuum ex toto corde tuo, et ex tota anima tua, et ex tota mente tua, et ex tota virtute tua; hoc est primum mandatum. Secundum autem simile est illi : Diliges proximum tuum tanquàm te ipsum.... Deus superbis resistit; humilibus autem dat gratiam... Qui perseveraverit usque in finem, hic salvus erit.

PATER noster, qui es in cœlis : sanctificetur nomen tuum : adveniat regnum tuum : fiat voluntas tua, sicut in cœlo et in terra : panem nostrum quotidianum da nobis hodiè; et dimitte nobis debita nostra, sicut et nos dimittimus debitoribus nostris; et ne nos inducas in tentationem; sed libera nos à malo. Amen.

Ave, Maria, gratiâ plena, Dominus tecum : benedicta tu in mulieribus, et benedictus fructus ventris tui, Jesus.

Sancta Maria, Mater Dei, ora pro nobis peccatoribus, nunc et in hora mortis nostræ. Amen.

Credo in Deum, Patrem omnipotentem, Creatorem cœli et terræ; et in Jesum Christum Filium ejus unicum, Dominum nostrum, qui conceptus est de Spiritu sancto, natus ex Maria virgine, passus sub Pontio Pilato, crucifixus, mortuus et sepultus; descendit ad inferos, tertiâ die resurrexit à mortuis; ascendit ad cœlos, sedet ad dexteram Dei Patris omnipotentis; indè venturus est judicare vivos et mortuos.

Credo in Spiritum sanctum, sanctam Ecclesiam Catholicam, sanctorum communionem, remissionem peccatorum, carnis resurrectionem, vitam æternam. Amen.

Confiteor Deo omnipotenti, beatæ Mariæ semper virgini, beato Michaëli, archangelo, beato Joanni

Baptistæ, sanctis apostolis Petro et Paulo, omnibus Sanctis, (et tibi, Pater,) quia peccavi nimis cogitatione, verbo et opere: meâ culpâ, meâ culpâ, meâ maximâ culpâ. Ideò precor beatam Mariam semper virginem, beatum Michaëlem archangelum, beatum Joannem Baptistam, sanctos apostolos Petrum et Paulum, omnes Sanctos, (et te, Pater,) orare pro me ad Dominum Deum nostrum.

Misereatur nostrî, omnipotens Deus, et dimissis peccatis nostris, perducat nos ad vitam æternam.

Amen.

✝ Indulgentiam, absolutionem, et remissionem peccatorum nostrorum tribuat nobis omnipotens et misericors Dominus. Amen.

Deus, in adjutorium meum intende :

Domine, ad adjuvandum me festina.

Gloria Patri, et Filio, et Spiritui sancto;

Sicut erat in principio, et nunc, et semper, et in secula seculorum. Amen.

✝ In nomine Patris, et Filii, et Spiritûs sancti. Amen.

FIN.

Troyes, Typographie d'ANNER-ANDRÉ.

www.ingramcontent.com/pod-product-compliance
Lightning Source LLC
Chambersburg PA
CBHW060903050426
42453CB00010B/1555